LA MADRE DE NADIE

LA MADRE DE NADIE

Carmen María López

Esta obra ha obtenido el **VII PREMIO ESPASAesPOESÍA**, convocado por la editorial Espasa y concedido por el siguiente jurado:

Luis Alberto de Cuenca
David Galán «Redry»
Alejandro Palomas
Ana Porto
Viviana Paletta

ESPASA ES POESÍA

ESPASAesPOESÍA

Primera edición: noviembre de 2024

Ilustración de cubierta: © Nani Serrano
Diseño de cubierta: Planeta Arte & Diseño
Preimpresión: MT Color & Diseño, S. L.

Depósito legal: B. 18.147-2024
ISBN: 978-84-670-7530-4

www.espasa.com
www.planetadelibros.com

Impreso en España/*Printed in Spain*
Impresión: Liberduplex

Editorial Planeta, S. A.
Avda. Diagonal, 662-664
08034 Barcelona

Yo soy la abuela.
Yo soy la niña.
[Y sin embargo, la madre de nadie].

A las mujeres / poema / caparazón.

Para mí, la poesía era el sitio donde vivía
sin ser la madre de nadie, donde existía como yo misma.
ADRIENNE RICH

Mamá, lánzame una cuerdita.
ELENA GARRO

El útero
pulsa su membrana.
SYLVIA PLATH

EL SOLSTICIO ES LA MADRE

Del latín *solstitium*, a su vez *sol* y *statum*, literalmente «cuando el sol está quieto».

Solsticio = amanecer(se)

Scriptorium

A woman is her mother.
That's the main thing.
Anne Sexton

La madre que no soy es la que escribe.
La madre todavía no digna de llamarse
madre.
Todavía no es, todavía no
hay hijo en el vientre.
Madre prefigurada
madre en borrador
madre rescoldo
de las vidas ajenas
de la carne aún no alimentada.
No hay hijo ni hay nombre
todavía no hay la singladura
ni carne en la placenta
ni oscura cicatriz
ni habitación para sangrar
después del parto.

La madre que no soy es la que escribe
desde el ningún lugar

del líquido amniótico.
Todavía no hay
la escritura es negada
ni hay códice preciso
ni código genético
ni médula espinal
ni balbuceo
ni un asomo
de algún bulbo raquídeo
ni soy madre
                    ni soy
                              ni siquiera
                                        soy.

Madre Crisálida

Como la mariposa todavía
no digna de llamarse mariposa
(materia apenas viva no creada)
como la luz aún no amanecida
no digna de llamarse claridad
como aquella madera todavía
no quemada ni rastro de la lumbre
ni cortada del tronco ya no es árbol
pero no es leña ni menos aún
fosforescencia humilde en la ceniza
así yo: madre crisálida.

Preludios

Los preludios son hermosos:
el hijo no nacido nos recuerda
los poemas que nunca escribiremos.
No negaré palabras
como no niega nunca
la boca de un hambriento
el milagro del pan.
Desde ahora amaré
cada dulce preludio de la tierra.

El origen del mundo (I)

Courbet no lo ha pintado.
No existe en la angostura de los mapas.
No es nunca el kilómetro cero
de cualquier ciudad plastificada.
No eres tú ni soy yo cuando temblamos
antes de ser nosotros fuimos carne
y un hogar de placenta.
No es tampoco la nieve
ni Eva fabulada en el principio
ni Babel o el lenguaje umbilical.
Es un surco redondo
una abrupta y frágil mordedura
tenue forma de útero o manzana.
Un vientre donde crece
al otro lado de la carne *vida*.

El origen del mundo (II)

Antes de nacer ya había nacido
estaba en ti
dentro de ti
éramos indistintas
y mi carne tu carne
y tu voz mi voz
y tu mirar mis ojos
y me vivías desde un lugar incierto
y respiraba a través de tus branquias
me alimentabas con el líquido amniótico
en la estrechez de un cuerpo
para que años más tarde
no doliera tanto
la llaga de la vida
(aunque dolió también).

Y así tan poco a poco
y así fui
y mes a mes
centímetro a centímetro
treinta y ocho semanas

un arrullo de carne
dentro de ti.

Tu vientre, mi primera casa.

Bambú

Cohete de larga vara,
el bambú apenas sube se doblega
en lluvia de menudas esmeraldas.
JUAN JOSÉ TABLADA

Entre el bosque de certezas
y la lluvia de menudas esmeraldas
elegiré siempre
la lluvia de menudas esmeraldas.

Nada inmóvil ni muerto.
Nada que no se quiebre.
Algo que se parezca
a la fragilidad del bambú.

¿Sabes, madre?
El bambú tarda años en plantar sus raíces,
siete años,
altura prodigiosa
y apenas seis semanas en crecer.

Adoro su materia.
El bambú me ha enseñado

una cosa sencilla,
ese prodigio:
caminar por el bosque
y dudar siempre.
Aquí, aquí, poesía.
¿Dónde estás?
Allá, allá, más lejos.

La poesía es paciencia.
La poesía es un bosque de bambú.

Sutura

Madre: quién cortará en la escritura
este hilo de palabras
trepanadas palabras
tejidas en la trenza madre-hija.

No llamo al corazón
tan solo corazón
lo denomino
válvula de vivir.

El diccionario
no me sirve:
me rompe la poesía.

Si no escribo
algo dentro de mí se vuelve cueva.

Si no escribo
deja de funcionarme
la parte del cerebro donde alojo
el sentido del mundo,
la lluvia, la belleza.

Madre:
hay muchachas que adoran al dios sol
y hay muchachas que no adoran
al dios sol.
Contemplo a esas muchachas.
Y de nuevo:
catalogo las vidas de las dulces muchachas
las divido
entre aquellas que aman
y aquellas que no aman
la lluvia
los gorriones
la poesía.

Primer boceto

La carn, sense paraules,
davant de mi i en mi.

I jo que havia llegit tots els libres.

[La carne, sin palabras,/ ante mí y en mí.//
Y yo que había leído todos los libros].
MARIA-MERCÈ MARÇAL

Cuando nací mi madre era la joven
que yo soy ahora.
Me tenía en sus brazos.
Insólito momento ese momento
en que las madres sostienen
a sus hijos en brazos.
Ahora ella soy yo. O todavía
no soy yo.
La miro como miran con dulzura
los ojos la belleza de la tierra.
La miro sin hablar.
Hay un misterio
y mirarla es mirar un borrador
primer boceto de mí
ahora que todavía
no soy digna de llamarme madre.

Lluvia

Cuántos litros de lluvia ha resguardado
el cuenco de tus manos, madre.
Y cuánta de esa lluvia ha limpiado mi vida
y me ha hecho ser
como existen los ríos en la dicha pequeña
misteriosa y azul,
misteriosa y azul.

Alabanza

Todos los poemas del mundo están escritos ya
esperando
que algún incauto barra la hojarasca.
CARMEN PALOMO PINEL

La poesía no dice:
Cantad la tierra toda.
Cantad lo venerable.

La poesía suplica:
no cantéis sino solo lo esencial.
Escarbad en la tierra
en lo hondo y hasta lo más hondo
allí donde la voz se hace semilla.

La poesía es mi madre.

Doncella Litha

Solsticio de verano, todo en ti,
Doncella Litha.
Nacida en Imbolc ahora
plenitud de la Madre.
Hagan adoratrices a la Madre Sol.
Y enerva un año más el rito,
doncella circular.
Espirales y danzas
turbación de los cuerpos
la fiesta es una fiebre.
Como la voz, el fuego.

Qué decimos cuando decimos *madre*

Sinónimo de madre: no lo hay.
ALMUDENA SÁNCHEZ

Dices *madre* pero no dices solo
madre dices también placenta útero
cordón umbilical dolor y fiebre
dices la luz y el verbo y la aurora
dices la cicatriz de haber nacido
la ternura y el magma de la tierra
el trino de algún pájaro la voz
de alguna cueva o vientre en que habitaste
dices la noche y todas sus galaxias
dices belleza y cinco continentes
maravillas del mundo todo el oro
del Rin y los almendros en flor
el azul de los cuadros de Sorolla
la carne habitándonos despacio
la infancia como un pétalo en la cumbre
el vino dulce y breve de la vida
madre memoria miel materia frágil
melodía o faro del origen.
Dices madre es verdad y lo que dices
no es nada casi nada apenas nada.
Y es sin embargo la palabra *amor*.

Brindis

Brindo por este día irrepetible
por la mañana de sol y su revés de lluvia
por esta plenitud siempre incompleta
por la existencia cóncava
temblándonos despacio en la sutura del tiempo.

Brindo por la inquietud preciosa de vivir
y la vibrante auscultación del mundo.

Brindo por los cometas y los glaciares
por la rosa aún no florecida
y la carne aún no alimentada.
Por el eco del cuerpo y la promesa
por la estrella primera que brilló
y la última lágrima infinitesimal
que no derramó nadie.

Brindo por el poema sin grilletes
por el *poema-caparazón*
por la *madre-caparazón*.

Repleguémonos pronto
en la anémona dulce de la tierra.
Repleguémonos ya cuerpos azules
donde gritan estirpes y las generaciones.

Repleguémonos siempre en el poema o la madre.

Poética

Adoro lo redondo: la poesía
es así, circunferencia humilde,
concavidad perfecta, matemática
de palabras y órbitas,
polvo sideral y estrellas.

Adoro lo redondo: la poesía
me ha hecho amar así.

Carmen, carminis

Nunca fui Safo.
Ni canté a la luna menguante.
Ni al terrible esplendor.
No invoqué al equinoccio.
Ni creí en los oráculos.
Ni entregué vida y cuerpo al destino
de los nombres (*carmen*, *carminis*,
tercera declinación).
Pero siempre algo en mí me lo decía:
Tú eres y te llamas Carmen.

Estrías

El poema es mi cuerpo.
BLANCA VARELA

Un dibujo en la carne
líneas quietas
están en mí sin que las tatuara
otro maestro que la vida
están aquí
para decirme
detente en el néctar de las cosas
existimos y tú
caminas sin saberlo
habitamos aquí
te recordamos
el poema impredecible
la punzada del cuerpo
grieta a grieta erigido
y ningún arquitecto
podría hacerlo mejor.

Desiderátum

Vinimos a la vida
a fingirnos felices
con tiritas preciosas
sobre nuestra epidermis.

A llamar a las cosas
con un nombre secreto:
a la madre *poesía*
al bambú *poesía*
al corazón *poesía.*
Y que así no nos duela
ese coágulo triste
de existir en el mundo.

Vinimos a la vida
a fingirnos felices
con el sol en la nuca
y una flor en los labios
y a no rendirnos ahora
cuando aún es posible
una lluvia distinta

sobre todo una lluvia
y que no se nos muera
nunca más la poesía.

Verde

He buscado en las cosas de la tierra
el color de tus ojos.
Lo he buscado en los árboles.
Lo he buscado en la hierba.
Y en ciertas ocasiones en la lluvia.
O en las fotografías
a veces imposibles
de auroras boreales.
En los atardeceres.
O el cine de Rohmer.

Solo en ti, madre:
en las venas preciosas de tus manos,
en tus ojos tranquilos.

Tú inauguraste en el mundo
el color verde.

Estirpe

... y el vientre de mi madre palpitando su vida en el silencio.
Gioconda Belli

Una estirpe no es una palabra
ni siquiera un carné de identidad
ni un caballo temblándome en la sangre.

Una estirpe no es una conciencia
de haber venido oscura de algún tiempo
del antes de la especie o su después.

Una estirpe no es nada de esa rabia
ni nada de esa sed que se nos unce
al dolor de haber sido, a la pregunta
oscura desde el oro de algún sueño.

Una estirpe es tan solo carne unida,
carne hermana, temblor, a veces fiebre.
La carne de mi madre sobre el vientre.

Terrarium

Cava hondo, ahí, justo ahí.

Haz un surco en la tierra.
Penetra en el revés de la molicie.

Solo tú con la azada
llegarás hasta el centro
precioso del lenguaje.

Besarás
a la madre materia.

Poco importa que luego
nada valgan
semillas o palabras.

Apenas hierbas muertas,
infértil la raíz.

Entrarás en lo árido.
Ingresarás despacio

en todo lo que amaste:
los ritmos derrotados,
la extensión del derrumbe.

La poesía está ahí:
en el fondo
del fondo
más
a
b
a
j
o.

Hilván

Nadie niegue a la madre. No se atrevan
a borrarle sus ojos, ser olvido.

Nadie injusto pregone nunca su hilo
me ató a la luz del mundo.

Que ningún presuroso
desmienta la fisura de su carne.

Que nadie atrás se vuelva
sin tanta claridad de su semilla.

La vida es solo un hueco, un hilván
entre dos sílabas: *ma-dre*.

Arácnida

madres araña, las mujeres vamos
siendo reales desde los treinta, llegamos
a serlo a los cincuenta; algunas,
madres; otras, sólo reales, arañas, si
tienen hijas, hijas de araña, sí
OLVIDO GARCÍA VALDÉS

Las madres son arañas que a su vez
entretejen despacio a otras arañas,
hijas arañas
cuerpos pequeños
minúsculos contornos
el telar
y la tinaja el cuerpo
y no se olviden
la máquina de coser
allí donde el pedal
une vida a la vida
vientre al vientre
artrópodos de seda
anatómicamente inimitables
oficio de hilanderas
arañas todas
madres e hijas.

Cordón umbilical

No lo cortes, aún no.
No lo sutures.
¿No ves que sin el lazo tuyo, madre,
no soy sino una criatura
desvalida, carne huérfana?
No lo cortes.
No ahora.
No lo cortes ahora ni después.
Quiero enraizarme a ti, madre de todas
las dichas venideras.
Quiero abrazar en ti, madre del mundo,
el lodo que seré.

No queda tiempo
pero dejadme entonar
una última súplica:
apartad las tijeras.

EQUINOCCIO EN LA TIERRA

Del latín *aequinoctium*, y este de *aequus* «igual», *nox, noctis* «noche» e *-ium* «-io».

Equinnocio = anochecer(se)

23 de septiembre (equinoccio de otoño)

Madre:
me casaré en el equinoccio.

No adornéis mi frente de mirto.

Rebosad de alegría: ya no soy
aquella, desposada ya no soy
un canto mineral, en mis cabellos
caen las crines oscuras de vivir.

La luz desfallecida me recibe.
Aúllan bestias en mí, ¿de dónde vienen?

Enmudezco en la noche, todo es
un crepúsculo blanco, un sol inverso.

Ya no soy
la muchacha pálida
o la virgen suicida.

Me maquillo de otoño.

Ululo.

Soy.

Ya no soy.

Y sangro.

Hoguera

Y no ya nunca más la niña grácil
o la muchacha turbia ya no más
Carmen o canto, alondra o fiebre,
no más ni nunca ahora la poesía.
Desde cuándo caí y para qué
este temblor azul a veces luna
y los días girando el equinoccio
definitivo en mí
la pregunta o la hoguera en la garganta.

Epitalamio

Cantad, jóvenes muchachas,
tan erguidas
sobre el junco del tiempo
la alegría o su efigie de desgracia.

Cantad, vitoread, muchachas pálidas
el día irremediable
su fugaz negación
su lejanía.

Cantad lo que se pierde venerable
como el vino que ahora escancia el mundo
en ofrenda de mí,
ya desposada.

Cantad, y si al cantar os queda aliento,
afinad una última herida
en la dulce extensión de la garganta.

Cantad al día, a la noche, a las estrellas
a la última luz
a las fuentes, al sol, a las montañas.

Cantad sin percibir esta miseria
del tiempo ya perdido en la pregunta
de no ser o de ser aún muchachas.

Cantad con las palabras una danza
a coro así cantad la melodía
con efímera voz, cantad, muchachas.

Pero no cantéis nunca lo que el tiempo
ha urdido con tantísima impiedad:
vivir era una trampa,
pero qué bella trampa.

Jarcha

¿Qué faré, mamma?
Meu-l-habibest' ad yana.

¿Qué haré, madre?
Mi amigo está a la puerta.
Su presencia percibo al otro lado.
Hay una sed que nace de la vida
una fiebre tal vez rumor oscuro
donde intuyo la voz del animal
la mordedura atávica de ser
uno y ser y caer y trepidar
esquinas de la noche, la negrura
frágilmente elegida del adiós,
soñar ausencia…
¿Qué haré, madre?
Mi amigo está a la puerta.

Catábasis

Escribir es hundirse.
Bucear en lo ignoto.
Nadar en la negrura.

Solo ahí el poema.
Solo ahí, dulce madre.

Equinoccio

Venero la palabra *equinoccio.*
Su materia simétrica.
Doce horas de luz
y otras doce en lo oscuro.
Me cubre un velo blanco y ya no veo
la tajada del tiempo.
Las dos mitades antes indistintas.
Niña y no niña
joven y no joven
madre y no madre
desposada y nunca más
desposada.
El cuchillo en el cuerpo.
Hay lugares que nunca se descubren.
Blanca es mi voz
y su rumor oscuro.

Ars amandi

Madre:
no sé qué es el amor.
Desconozco
sus lenguas y sus claves
pero pienso:
debe ser parecido a ver cine
en todas las butacas de la tierra
en una casa de madera azul
mientras afuera llueve.

Hípica

Me parieron así con estas crines
de caballo inquieto.
Con esta voz errática, estos ojos
traídos del abismo,
este cuerpo y un signo de interrogación,
este cerebro algunas noches triste,
esta vieja virtud obsolescente
de leer cada tarde algunos versos
mientras muere el asombro y la ciudad
es un perro callado en mis sentidos.

Me parieron así con estas crines
de caballo confuso o animal extinto.
Me parieron así con esta fiebre
a lo ingrávido incierto de las cosas.
Y el caballo me brota, son sus ojos
una estampa de insomnio y carne lírica.
El mundo ha sido siempre igual que entonces
un caballo arrasándome con rabia
y la voz de mi madre como un coro
aullándome sin tregua en la garganta.

Navegamos

Navegamos madre en un océano sin barcos.
Piedad por nosotros, piedad por el océano, navegamos.
ANNE CARSON

Madre:
dice Anne Carson *navegamos*.
Hacia dónde, ahora, hasta cuándo,
desde qué latitud y hacia qué destino,
desde qué cicatriz y hacia qué sutura
si vivir es romperse.

No sabía del océano
desnaciéndome,
temblándome en los labios.
Ahora sé solo esto: *navegamos*.

Evocación

Y te dije:
madre, qué seré en el equinoccio
y me crecieron cabellos azules
y ramas en las manos
cola de pez
y corales marinos en los ojos.

Carmen ahora canto para siempre
y una duda temblando en la raíz
de ser a un mismo tiempo
dulce Juno y Perséfone.

Paisaje interior

Es invierno en mis ojos.
Es ceniza esta duda que se acuna
en los brazos del aire.
Alimentas un hueco que no duele
un espacio marchito
un cuerpo turbio
una interrogación dentro del vientre.

Lengua nupcial

Escribir un poema se parece a casarse:
sí, sí, quiero, pero no condesciende
la palabra es un velo sin idea
todo en ti es lienzo blanco pero no
y ni siquiera puedes
no hay pincel
para tallar acorde el sentimiento
para bruñir en ti la melodía
y ser cadencia.

No precisa título

Pienso:
Indigna es mi voz porque no hay
hijo en el vientre.
Pero podría pensar:
Indigna es mi voz porque no hay
poesía en el vientre.

No es mi voz

Madre: es tu desamparada criatura quien te llama.
OLGA OROZCO

Madre: no es mi voz
el trino que ahora canta
ni esta lengua de trapo.

Madre: no es mi voz
el rojo de esa lumbre
o el azul de la vida
ni la tierra en raíz
ni el mundo todo.

Madre: mi voz de tan pequeña
no alcanza a llamarte.

Negación del árbol

Madre:
escribí hace días en un cuaderno:

Ningún poema es nunca un árbol firme
ni suelo seguro ni camino certero
apenas ramas rotas sin esqueje
apenas la escritura
un puñado de polvo en una lápida
que nadie limpia ni visita nunca.

¿Qué quise escribir?
¿Qué he querido decir, madre?

Tríptico de Japón

I. *Tokio*

Madre:
vine a Tokio a escribir tu nombre
en la madera del Santuario Meiji,
a grabar caligrafía de ti
y dulzura de ti, a darte el mundo
desde la otra parte del planeta.

Vine a Tokio a decirte no te vayas
y me casé en el equinoccio
de otoño y fui feliz y ahora la vida
se parece a los ciervos de Nara
al sereno esplendor del Monte Fuji
o al bosque de bambú de Arashiyama.

(No imaginas, madre,
cómo se cuela el sol entre los tallos
del bosque de bambú de Arashiyama.
Komorebi esa palabra que nombra
la belleza del sol brillando a tientas
entre el verde-bambú).

Nunca te pregunté si te gustaba Tokio.
Ahora lo pienso.

Tú también has mirado Japón
a través de mis ojos.

II. *Ciervos de Nara*

Un niño de la mano de su madre
entre los ciervos sagrados de Nara.
Es el centro del mundo, la raíz
que hilvana lo que existe.

Grabad en la memoria esta imagen.

III. *Santuario Meiji*

Dice la princesa Meiji:
hay que escuchar la voz de otras personas.

Sobre un *torii* de madera
garabatos o no
tan solo pájaros
y en su pico preguntas.

No sé leer japonés.
Nos lo cuenta Enzo,
el guía turístico de nuestro viaje a Tokio.
Asentimos y dentro de mí
de nuevo el pájaro-interrogación.

¿Qué voz he de escuchar,
princesa Meiji?

Interior con tristeza (I)

La casa de los padres:
armarios con memoria
objetos olvidados
libros tristes.
Algunas veces por allí asomó
el claro de la felicidad
(y cuántas veces...).
Después me fui (nos fuimos).
La habitación vacía
gritaba no eres joven
pero ahora y siempre y aún
una lluvia nos cae sobre la piel.
Llueve mucho en los lugares
de haber sido feliz
y el cuerpo reconoce
esa antigua materia de la infancia.
Está algunas veces
en la forma callada de un objeto,
en el olor del pan
en las manos sencillas de mi madre.
Y de nuevo el sol sobre el papel.

La casa de los padres:
útero al que la hija siempre vuelve.

Interior con tristeza (II)

... la cocina a oscuras, la miseria de amor.
César Vallejo

Las madres lavan en la cocina cada tarde
la mugre de los días.
Frotan el polvo infame de los años,
alimentan la herida de los hijos
(el hijo que no vuelve, el que tan solo
vuelve el fin de semana, el que nunca
la llama por teléfono, el que siempre
sale tarde y cansado del trabajo).

Las madres se interrogan dulcemente
en el silencio inútil de sus casas.
Entonan a su modo una plegaria
dentro de su cueva-corazón.
¿Hasta cuándo esta luz y estas venas,
estos ríos de sangre persistiendo,
esta melancolía tan azul?

Las madres beben llanto de esa herida
de carne en la existencia.
Se miran al espejo como eternas

Penélopes de la desolación.
Se bañan en la duda de aquel tiempo
de amor y de placenta.
Escriben cartas dulces e imperfectas
que no recibe nadie.
Las madres son el ancla de la estirpe.
Ya no saben
por qué alumbraron vida
a qué vinieron
ellas y tantas madres
cuerpo-casa
lugar que desnaciéndonos aún late.

Lejanía

Tiene miedo la vida, lo presiento.
Ahora lejos de ti hay una llaga
en el rojo profundo de la tierra
algo así como palomas muertas
algo así como canciones mudas
como si el corazón ya no vibrara.

Escribo para eso, dulce madre,
para estrechar distancia entre tu cuerpo
y mi cuerpo.
Para que estés en mí.

Devastación

Como fotos antiguas han ardido los años.
Se han quemado las horas y los días.

Apiadémonos ya de este presente
en los ojos temblando.

Adoremos la tarde tan azul,
esta tarde y no otra: es la única
todavía aquí delante de los ojos.

Después el mundo arderá de nuevo
en su eterno quemarse arrasará
con toda la belleza de la tierra.

Día de la Madre

¿Qué fotos miran las niñas
que no tienen madre?
Esas muchachas azules y tristes
esas muchachas cada vez menos azules
y cada vez más tristes
con tiritas
sobre el líquido oscuro en sus venas
y tanto lodo en su corazón.
Esas muchachas perfectas y terribles
con esa perfección de lo caduco
y esa terribilidad de lo imposible.

Mayo: es el primer domingo
de sol sobre la cumbre de la vida
cuando ya no hay tal cumbre
y la vida es tan solo
una página rota en un cuaderno.

¿Qué fotos miran las niñas
que no tienen madre?

Inventario de las madres muertas

La madre de Juana de Arco.
La madre de Marina Tsvetáieva.
Las madres de Plaza de Mayo.
La madre de Roland Barthes.
Tantas madres unidas
por no sé qué hilo roto sobre el cuerpo
las célebres y recordadas
en la miseria azul de algún destino
pero no solo aquellas
hay también
las anónimas madres,
las silentes,
las tristes,
dulces madres sin epitafio aún,
las desaparecidas,
las sin rostro,
las ya deshabitadas
sin sudario ni luz
sin osamenta, madres,
sin trazo sobre el sol
madres sin tierra.

Química

… cuando tomo la palabra
hablan aquellas que han callado y llevo
a mis espaldas,
o las que hablaron y aún dirían más.
María Sánchez-Saorín

Yo soy mi abuela.
Yo soy mi madre.
Yo soy la niña.
La muchacha.
Soy todas en el tiempo.
Mujeres de la estirpe
una a una anudadas.
Una voz y es la voz de todas:
bordar el mismo rostro
esculpir en la carne
la idéntica verdad.
Instrucciones genéticas, no huyáis.
Detened esa hélice preciosa
llamada ADN.
Y grabadla despacio.
Tatuad la molécula precisa
en la célula exacta.
El amor, nuestro amor,
es pura química.

Ternura

A mi abuela, «in memoriam»

Era el 18 de septiembre del año 1954.
Ha sido el 23 de septiembre del año 2023.
Dos fechas en el curso de la historia
sin hilván en la rueca de una vida.
Solo historias anónimas,
intrascendentes.
Un hilo las sutura, qué palabras
para coser las bodas
de la abuela y su nieta.

Ítaca

A mis padres

Cuando vuelvas a casa de tus padres
pide que el camino sea largo.

No cargues con los años que pasaste
estudiando en la Facultad de Letras
ni temas aquel reino que perdiste.

La mochila está llena de otras cosas.
Y solo al recorrer aquel camino
sabes ahora quién eres, cómo eres,
y por qué te llamas *Carmen*.

Si tu espíritu es firme, si has vivido
noches altas y antiguas emociones,
no habrá fracaso alguno en tu regreso.

Procura que el camino sea largo.
Que mucho hayas amado en el transcurso.
Que cuando vuelvas el verano a casa
no te duelas si vuelves
y tú no eres la misma.

Que no te tienten cantos de Sirena.
No ambiciones palacios ni oropeles,
monedas huecas, brillos seductores.

Ve muchas veces, ve todas las veces,
vuelve siempre que quieras a la casa
de tus padres.
Allí está todo lo que buscas.
Lo que has amado.
Lo que ya nunca dejarás de amar.

Detente en el quicio de la puerta.
Gira la cerradura y reconoce el mundo.
Allí habitan tus yoes del pasado.
Las muñecas sin dueño, la memoria.
La vida misteriosa de tus padres.

Abrázalos sin prisa: todo el tiempo
que queda está ahí. Cuenta tu historia
sin épica ni adorno, pero cuenta
tus pequeñas victorias a tus padres.

No invoques a la Musa, no hace falta.
Una tarde tranquila explícales
por qué valió la pena el largo viaje:
el esfuerzo de estudiar,
tus noches con la *Eneida* de Virgilio.

Pregúntate por qué eres filóloga.
Por qué elegiste sin dudar un ápice
entre todas las vidas de tu vida
dedicarte al amor de las palabras.
Entenderán que era tu destino
leer a Homero, combatir al Cíclope,
interrogar a Eurídice tal vez…

Cuéntales cómo aquellas nimiedades
te hacían tan feliz, valían más
que mil dunas de oro.

Agradéceles siempre la paciencia.
Si pudiste volar fue gracias a ellos.
Y por ellos has vuelto hoy aquí.

No maquilles el daño que infligieron
sin querer otras carnes en tu carne,
ni enmascares tampoco
lo que hoy nombrarías como fracaso.

Vuelve siempre que quieras a su casa:
observa cómo te han querido
desde el primer segundo y hasta el fin.
Mira mucho la vida de tus padres:
sus cuerpos, cómo viven, cómo hacen
para esperarte intactos en amor.

Asómbrate, pregúntate otra vez
cómo es posibles que tú, criatura arácnida,
nacieras de un pedazo de esa carne.
Es misterio: no intentes resolver.

Abdica ya de tus mitologías.
No busques a Teseo ni a Ariadna.
Es más hermoso amar el laberinto.

Y cuando lo hayas visto todo:
los muebles del origen, la cocina,
el sol sobre la fruta,
las muñecas,
los libros,
los pedazos de ti,
reconócete ahora: sé testigo
y carne memorial de aquellas cosas.

La vida te brindó este hermoso viaje.
Vuelve siempre a la casa de tus padres.
Sin ellos no estarías hoy aquí.
Aunque los halles tristes, taciturnos,
aunque adviertas a veces el desánimo,
las arrugas o surcos de existir,
comprende su tristeza.
Sé paciente: han sufrido más que tú.

Y así mirando mucho la vida de tus padres,
te habrás vuelto más sabia.
Leerás ese libro inacabado.
Entenderás qué significa amor.
Por qué existen las Ítacas.

Índice

El solsticio es la madre

Equinoccio en la Tierra

Carmen María López

(Caravaca de la Cruz, Murcia, 1991) es doctora en Teoría de la Literatura por la Universidad de Murcia (2018, *cum laude*, mención internacional y Premio Extraordinario de Doctorado), graduada en Lengua y Literatura Españolas (2013, Premio Nacional Fin de Carrera), y ha cursado el Máster en Literatura Comparada Europea de la Universidad de Murcia (2014) y el Máster en Investigación Literaria y Teatral en la UNED (2017). En la actualidad es profesora titular de Teoría de la Literatura en la UNED. Su destacada carrera investigadora incluye estancias en universidades de prestigio, la participación en congresos internacionales y una amplia producción científica. Es autora de los libros *El cine en el pensamiento y la creación de Javier Marías* (X Premio Academia del Hispanismo, 2019) y *El discurso interior en las novelas de Javier Marías: los ojos de la mente* (Brill, 2021). Como investigadora ha sido galardonada con el Premio Jóvenes Científicas del Lyceum de Ciencia de la Región de Murcia (2021). Como poeta ha participado en recitales, presentaciones de libros y ha sido autora invitada al ciclo Voces de la Literatura (2024, Fundación CajaMurcia), coordinado por J. M. Pozuelo Yvancos. Desde hace más de una década compagina su labor docente e investigadora con la escritura creativa: Premio de Poesía Albacara (2008), XXIV Premio de Narrativa «Encarnación Martínez Barberán» (2009), VIII Premio de Narrativa Ana María Aparicio Pardo (2010), Premio de Poesía de la Universidad de Murcia (2011) o Premio CreaMurcia de Literatura (2018). Su poemario *Yo también anochezco* (2024) ha sido distinguido el Premio Complutense de Literatura 2023.